DU
MINISTÉRIALISME.

Similis est homini ædificanti domum suam super terram, sine fundamento.

(Evang. St.-Luc.)

DE L'IMPRIMERIE DE A. BOBÉE.

A PARIS,

Chez $\left\{\begin{array}{l}\text{DUPONCET, Libraire, quai de la Grève,}\\ \text{n}^\text{o}\text{. 20;}\\ \text{DELAUNAY, Libraire, Palais-Royal, Galeries}\\ \text{de bois.}\end{array}\right.$

1818.

MINISTÉRIALISME.

Oɴ a bien souvent agité la question suivante : *Combien y a-t-il de partis en France ?*

La manie des subdivisions et des distinctions prétendues subtiles en a fait découvrir, aux uns quatre, aux autres six, sept, huit et au-delà, c'est-à-dire, qu'on a compté autant de partis parmi nous qu'il pouvait se présenter de chefs de parti ; mais en s'attachant aux intérêts et aux opinions, on ne trouve que deux sortes d'opinions, parce qu'il n'y a que deux sortes d'intérêts : les anciens et les nouveaux, ceux de la vieille monarchie et ceux de la France actuelle, et la nation entière se trouve ainsi composée de partisans de l'ordre de choses renversé par la révolution, et de partisans des idées et des institutions qu'elle a consacrées, ou qui doivent en être la conséquence. Décorés, ou flétris de différens noms, à différentes époques, ils sont aujourd'hui désignés par ceux de *royalistes* et de *libéraux*.

Pendant dix ans, écrasés tous deux sous le sceptre de fer de Napoléon, les deux partis ont paru oublier leurs longues querelles. Ils avaient senti qu'ils devaient s'unir contre leur ennemi, et chercher à s'en débarrasser au prix même d'une réconciliation momentanée. La restauration en comblant leurs vœux, les a remis en présence.

Quelques personnes nous entretiennent encore du parti *napoléoniste*, comme faisant une classe à part dans la nation. Ce parti qui., dès 1814, n'existait plus que dans l'armée, est allé, au licenciement de 1815, chercher un asyle auprès des libéraux qui n'ont point reçu ce nouvel ami comme on recevrait un ancien rival, et qui, loin delà, accueillant avec joie un aussi puissant renfort, lui ont pardonné, de la meilleure grace du monde, tous ses torts envers la liberté.

Des dangers communs les ont réunis : le retour seul du despotisme pourrait les diviser encore ; mais ce retour paraît impossible.

Quant aux royalistes-constitutionnels-ministériels, dont nous nous occuperons tout-à-l'heure avec plus de détails, il est reconnu que ce parti, qui n'en est pas même un, n'existe que dans les Chambres et parmi les gens en places, ou ceux qui veulent en avoir, et qu'il ne compte pas un seul soutien dans la masse de la nation.

Ainsi deux intérêts, deux opinions, deux partis ; voilà la France. La révolution et la contre-révolution se disputent seules le terrain ; et au surplus, la question est posée de même dans toute l'Europe ; presque partout, elle sera résolue en même temps.

Dans une situation pareille, il semble que le meilleur système à adopter, pour consolider le gouvernement du Roi, serait d'envisager, avant tout, la force numérique des deux partis, d'examiner de quel côté est la majorité, et de gouverner avec elle et par elle ; qu'un système déplorable serait de se mettre avec la minorité contre la majorité, parce qu'on ne pourrait se procurer, par ce moyen, qu'une existence très-incertaine et très-orageuse ; mais que, sans contredit, le système le plus insensé serait de ne se ranger ni du côté de la majorité, ni de celui de la minorité, parce qu'il vaut mieux encore se donner un appui, quelque fragile qu'il soit, que de ne s'appuyer sur rien ; parce qu'il vaut mieux se trouver avec quelqu'un contre quelqu'un, que de se trouver seul contre tout le monde.

Il va sans dire que par les mots de *minorité* et de *majorité*, nous entendons ici majorité et minorité *dans la nation*, et non pas seulement *dans les Chambres*; il va sans dire qu'une majorité obtenue, à prix d'or, dans les Chambres, et conquise honteusement sur les faiblesses humaines, par les séductions de tout genre, est sans influence sur l'opinion publique, et ne donne aucune force réelle à un gouvernement; qu'un gouvernement ne saurait se fonder d'une manière solide que sur des intérêts de parti, et non sur des intérêts privés, et qu'ainsi il serait possible qu'il eût constamment la majorité dans les Chambres, sans avoir même la minorité dans la nation.

Et non-seulement une telle majorité est insuffisante pour affermir un gouvernement, mais, de plus, le ministère qui la crée et qui ne se soutient que par elle, n'a pas l'assurance de se soutenir long-temps; elle peut lui échapper d'un moment à l'autre, parce que ces intérêts privés dont nous parlons, ces intérêts d'ambition et de corruption, sont changeans comme les passions des hommes, et n'ont de constant que leur mobilité.

Qu'arriverait-il, par exemple, si des députés qui ne seraient responsables vis-à-vis d'aucun parti, qui ne seraient les mandataires de personne que d'eux-mêmes, si des représentans en un mot, qui ne représenteraient rien, avaient tout obtenu de la munificence ministérielle, en retour de leurs infatigables complaisances, et qu'il ne leur restât plus qu'un vœu à former, celui de devenir ministres à leur tour ? N'est-il pas probable qu'ils se joindraient alors à l'un des deux partis, et que, faisant pencher la balance en sa faveur, ils parviendraient, par son secours, à s'emparer des porte-feuilles.

Ne serait-il pas à craindre aussi que les roya-listes et les libéraux, si divisés sur ce qu'ils veulent, mais si bien d'accord sur ce qu'ils ne veulent pas, se réunissent, dans les assemblées électorales, contre l'influence des ministres, et que, ne nommant, de part et d'autre, pour députés, que des hommes d'un caractère iné-branlable, d'une fixité de principes dès long-temps éprouvée, les ministériels ne fussent en minorité dans la Chambre avant deux ses-sions (1) ?

---

(1) Un député du centre prétendait dernièrement *que la réunion des libéraux et des royalistes serait l'affreux présage d'une nouvelle révolution.* . . . . . . Il fallait ajouter, *dans le ministère,* ce qui eût été à la fois moins alarmant et plus vrai.

Un troisième péril se presente : c'est que les pairs, à cause de leur rang et de leur fortune qui les rendent plus indifférens aux faveurs du ministère, surtout à cause de leur inamovibilité qui met leur indépendance politique à l'abri des coups d'état, devenant chaque jour plus difficiles à séduire que les députés, le ministère perdrait peut-être la majorité dans la Chambre haute, tout en la conservant dans celle des députés, et, dès-lors, cette dernière majorité ne lui servirait à rien.

La meilleure politique, pour se consolider et pour être servi avec un dévouement certain et durable, est donc de se placer dans un des deux partis qui composent toute la nation, et de choisir, de préférence, le plus nombreux; il faut se faire beaucoup d'amis, au risque de se faire beaucoup d'ennemis, et si l'on prétend n'avoir ni amis, ni ennemis, on finira bientôt par n'avoir que de ces derniers.

Ces réflexions qui se présentent à tous les esprits et qui leur indiquent la marche qu'aurait dû tenir le ministère, font regretter vivement qu'il ne la tienne pas.

Mais quel espoir a-t-il formé? et son but n'étant certainement pas de se perdre, quel est-il?

On fut long-temps à le deviner. Les minis-

tres parlaient sans cesse de fusion, de concilia-
tion, de systèmes mixtes, de transactions, et
on les croyait de bonne foi dans ces erreurs
qui n'étaient qu'apparentes, et on leur répé-
tait continuellement : Votre fusion ne saurait
avoir lieu, votre système de contre-poids est
inexécutable ; il ne dépend plus des partis
d'oublier cette grande époque de la révolution
française, ses antécédens et ses conséquences ;
la tranquillité de l'État ne sera assurée que
lorsque l'un se sentira entièrement comprimé
par l'autre, et qu'il n'aura plus la faculté de
soulever le poids dont il sera écrasé, semblable
aux géants sous les montagnes de la Sicile.
Jamais vous ne verrez sincèrement ünis l'é-
migré et le soldat des armées républicaines,
l'ancien propriétaire et le nouvel acquéreur,
le partisan de l'antique hiérarchie et l'enthou-
siaste de l'égalité, le noble déchu et le par-
venu ennobli, le dévot et le philosophe, les
Français fidèles aux institutions de leurs
pères, et ceux qui se laissent entraîner par
l'amour de la nouveauté, les apôtres du gouvernement de droit et ceux du gouvernement
de fait, les martyrs des vieilles idées et ceux
de la liberté. Aucun des deux partis ne con-
sentira à devenir votre ami, que lorsqu'il vous
aura vus tout-à-fait brouillés avec son ennemi ;

vouloir contenter tout le monde est le moyen infaillible de ne contenter personne, et recourir éternellement à de nouvelles tergiversations, à des tâtonnemens nouveaux, à des demi-mesures, des mesures dilatoires, des mesures provisoires, c'est vivre au jour le jour, c'est n'avoir qu'une existence misérable et précaire, ou, si vous l'aimez mieux, qu'une lente agonie.

Cependant ils ne se rendaient pas à l'évidence.

C'est que nous étions nous-mêmes leurs dupes en croyant qu'ils avaient besoin d'être désabusés; c'est qu'ils nous donnaient le change, en feignant de le prendre.

Nous ignorions encore le fond de leur pensée, quand parut la fameuse ordonnance du 5 septembre, et d'abord on crut que ceux qui portaient un coup si terrible au parti royaliste, allaient se décider en faveur du parti contraire, et entrer franchement dans la route de la monarchie constitutionnelle, dernier retranchement des libéraux, qui ne regardent plus la république que comme une brillante utopie, comme un beau rêve impossible à réaliser.

Ce qui suivit apprit que le ministère n'avait fait casser la Chambre de 1815, sous prétexte de réduire la représentation nationale au nombre de députés voulu par la Charte (1), que pour se débarrasser d'une majorité importune dont il n'avait pas su se concilier l'affection, et qui se proposait de le comprendre dans les premières épurations ; et quand on le vit se hâter d'opposer les *circonstances* à la Charte, les exceptions aux règles, les paradoxes aux principes, et ses caprices enfin à l'établissement de la monarchie constitutionnelle, il fut clair, pour les plus aveugles, qu'on voulait réorganiser le despotisme impérial au profit des principaux agens du gouvernement royal, et que le ministère *un* caressait la chimère du pouvoir absolu.

Nous traitons de chimère le rétablissement du régime arbitraire ; c'est, en effet, le seul nom qu'on lui doive donner, et il est plus difficile qu'en aucun temps d'être despote.

---

(1) Malgré les ordonnances qui avaient reconnu ce nombre insuffisant ; c'est ici le lieu de déplorer que l'intérêt des ministres ait donné tort aux ordonnances royales. En Angleterre, où la population s'élève à 14 millions d'habitans, la Chambre des communes compte plus de 700 membres. En France, la population est de 28 millions, et nous avons 250 députés. Mais moins une assemblée est considérable, plus elle est facile à conduire ; dans un conseil de ministres, cela répond à toutes les objections.

Plus un peuple est riche et éclairé, plus il est libre : voilà une vérité universellement proclamée et qui n'a pas besoin de démonstration. Or, depuis trente ans, l'extrême subdivision de la propriété et de l'industrie, et le progrès des lumières, deux choses qui affligent tant les uns et réjouissent tant les autres, ont mis, parmi nous, l'avoir et le savoir aux prises avec le pouvoir, et la lutte ne cessera que lorsque le pouvoir voudra bien se borner à être protecteur et juste.

Les prôneurs du système d'oppression ne cessent de nous citer l'exemple de Napoléon, et l'on oublie qu'il avait à ses ordres six cents mille hommes enthousiastes de sa gloire militaire, énorgueillis de quinze années de triomphe.

Si vous les rassembliez, ces mêmes hommes, quels glorieux exploits vous donneraient sur eux le même ascendant ?

Et d'ailleurs, que de ressources il possédait, dont vous êtes privés ! Quelle vigueur dans son administration ! Quelle habileté dans l'exercice d'une autorité sans bornes ! Celui de ses disciples qui en approcherait le plus, serait encore bien loin de lui (1).

---

(1) *Proximus huic, longo sed proximus intervallo.*
                                                    V I R G.

Il n'avait pas établi des journaux destinés à outrager tour-à-tour les deux partis. Loin de-là, il n'en outrageait aucun ; il les attérait par la force, mais il ne les aiguillonnait pas par l'insulte ; il savait qu'on tue les partis à coups de massue, et non à coups d'épingle ; que, par ce dernier moyen au contraire, on leur donne, avec le sentiment de la douleur, une nouvelle vie, une plus grande activité.

Certes, ce serait avoir les illusions bien faciles que de prétendre l'imiter ; on ne pourrait que le contrefaire, que nous en offrir une caricature grotesque.

Et cependant il est tombé ! Et, malgré tant de talens pour faire régner ses caprices au mépris des intérêts de parti, les partis se sont mutuellement aidés contre lui, et ils en ont triomphé ; lorsqu'aux derniers jours du danger, son armée est devenue insuffisante pour le sauver, il a cherché la nation et ne l'a point trouvée, et l'opinion de la France l'a renversé bien plus que les forces de l'Europe.

Qui oserait courir les mêmes chances qu'il a courues et auxquelles il a succombé, lui !

On peut dire hardiment, après un tel exemple, que le pouvoir absolu doit perdre désormais tous ceux qui se laisseront aller à ses séductions.

Observons, en outre, que la tyrannie de plusieurs, ou l'*oligarchie*, est beaucoup plus difficile à exercer que la tyrannie d'un seul.

Il y a presque toujours dissentiment entre divers hommes revêtus d'une égale autorité, et chacun d'eux cherchant à primer ses collègues, il est de l'essence d'un gouvernement oligarchique de tendre sans cesse vers le pouvoir unitaire, c'est-à-dire de s'épurer soi-même et de s'affaiblir par système. Ce travail intérieur, qui agite continuellement un gouvernement pareil, doit lui faire perdre une portion considérable du temps et de l'ardeur qu'il emploierait à surveiller les affaires publiques et à parer à tous les autres inconvéniens de sa position.

Ces différentes considérations n'ayant point été envisagées par le ministère, ou, du moins, ne l'ayant pas arrêté, il suivit, dans une sécurité parfaite, le chemin qu'il venait de se tracer.

Jusqu'au 5 septembre 1816, chacun savait en France ce que c'était qu'un *royaliste* et un *libéral*; mais on ignorait encore, on apprit bientôt ce que c'était qu'un *ministériel*. Nous allons tâcher d'en donner la définition la plus exacte.

Cacher soigneusement son opinion, si on a le malheur d'être libéral ou royaliste; ou plutôt, n'être ni royaliste, ni libéral, et se faire athée en politique, invoquer la charte chaque fois qu'elle est favorable aux ministres, et, chaque fois qu'elle leur est défavorable, prétexter les *circonstances*; déclamer contre l'opinion publique, et même nier son existence ; dire à tout moment, aux libéraux, qu'on va se tourner du côté des royalistes et faire à ceux-ci la peur contraire; et, quand ils se réunissent pour s'opposer à une mesure quelconque, répondre qu'on est bien aise de déplaire à tout le monde, que c'est-là le triomphe le plus beau qu'on pût ambitionner, et soutenir que, par là même, la mesure est excellente; aller chaque matin à l'ordre, pour savoir quelle couleur il faut avoir dans la journée, quel parti il faut flatter, quel il faut menacer; songer beaucoup à sa famille, à la famille de sa femme, aux enfans qu'on a, à ceux qu'on peut avoir : voilà à peu près tout ce qui distingue le parfait ministériel, fièrement retranché contre les plus vives attaques, dans ce *constitutionalisme bâtard*, si bien défini par M. Camille-Jordan.

Une fois ce parti organisé, il manœuvra dans les deux Chambres, sinon avec beaucoup d'adresse et de talent, du moins avec beaucoup d'activité et de succès; et dans cette lutte élevée pendant la session dernière et pendant la session actuelle, entre la charte et les lois d'exception, la charte a dû succomber, parce qu'elle n'avait pour elle que les intérêts de la France et l'opinion publique, tandis que les lois d'exception étaient protégées par les intérêts individuels et l'opinion particulière de cent vingt ou cent trente pères de famille, majorité suffisante.

Un de ces députés qui se piquent d'être, avant tout, bons époux et bons pères, a dit récemment : *On nous indique, pour point de réunion, le terrain de la charte ; nous n'y avons jamais mis obstacle ; qu'on cesse de nous opposer quelques lois d'exception,* etc.

Nous laissons le soin de réfuter une justification aussi étrange, à ceux de ses collègues qui ont le ridicule d'être, avant tout, bons citoyens, à ceux dont les nobles accens sont répétés avec orgueil par tous les échos de la France.

Nous ferons seulement observer en passant, qu'une seule loi d'exception contre la liberté de la presse, suspend l'exécution de la charte toute entière. La liberté de la presse est la clef de la voûte constitutionnelle. Nous ne croirons point vivre sous un gouvernement représentatif, tant que nous verrons le ministère redouter, à l'égal de la plus grande calamité, que nous jouissions un seul instant de cette liberté précieuse ; et, comme à la fin de 1817, presser de tout son pouvoir, de toutes ses instances, le renouvellement d'une loi contre les journaux, parce que le terme de leur esclavage approchait, et qu'il ne lui avait pas été donné, comme à la bête de l'Apocalypse, *de faire les années de quarante-deux mois* (1).

Quels aveux cette précipitation et ces craintes nous ont faits !

M. de Vaublanc nous annonçait à la tribune, en 1816, *que le gouvernement représentatif n'avait pas été inventé pour le repos des ministres.* Ce mot si naïf explique toute la conduite du parti ministériel, sans cesse occupé du *repos* de leurs Excellences ; il explique pourquoi on a si impitoyablement changé la législation paternelle que nous assurait la charte.

Si quelque habitant d'une contrée lointaine, encore plongée dans l'ignorance et la barbarie, arrivait en France, et qu'on lui parlât de cette charte immortelle, ravi de cette merveille de

______

(1) *Facere menses quadraginta duo.*

la civilisation, il nous regarderait comme le plus fortuné des peuples; il répudierait, sans peine, sa terre natale, et demanderait à se fixer au milieu de nous; mais il changerait bientôt de dessein, et se hâterait de retourner dans sa sauvage patrie, dès qu'il connaîtrait nos lois d'exception.

Deux choses caractérisent principalement les ministériels : la haine de l'ancien régime et la haine de la liberté. La raison en est fort simple ; les transfuges d'une cause en sont toujours les plus grands ennemis ; or, les ministériels d'aujourd'hui se sont montrés royalistes pendant les derniers mois de 1815, et libéraux pendant les premiers mois de 1816. (Lisez les discours prononcés aux chambres à ces deux époques).

Cette double aversion pour l'ancien régime et pour la liberté, paraissent dicter tous les actes du ministère, et semble même avoir présidé à la rédaction de ce concordat, qui, s'il pouvait être adopté, deviendrait le tombeau de ces vieilles libertés de l'église gallicane, si solennellement protégées par *Saint Louis*, *Charles* VII, *Charles* VIII et *Louis* XII (1).

---

(1) Que l'on nous permette ici une petite digression pour l'instruction particulière de M. le ministre de l'in-

Si l'on persiste dans un système aussi funeste, quelles en seront les conséquences (1) ?

Si vous aliénez au gouvernement l'affection des royalistes, sans lui gagner celle des libéraux, où sera sa force? Est-ce dans les gens en places? A coup sûr vous n'y comptez pas. Est-ce dans l'armée? Vous n'en avez pas, et quand vous en auriez une, comment la rendre purement ministérielle? Croirez-vous donc avoir beaucoup fait pour le trône, quand vous l'aurez isolé?

---

térieur. En présentant le concordat aux députés, il les a invités *à faire revivre l'ouvrage d'un des ancêtres du roi.* Malheureusement pour nous, il ne s'agissait pas de la pragmatique de Saint-Louis, lequel fut bien un des ancêtres du Roi, mais du concordat de François I.er, et malheureusement pour M. Lainé, les Bourbons ne descendent pas des Valois, et Henri III ne fut pas père d'Henri IV.

(1) Attaquer les ministres, ce n'est point attaquer le chef de l'état, quoiqu'en disent M. Vatimesnil et quelques-uns de ses collègues. Dire que le système politique suivi par les ministres est odieux et peut nous devenir fatal, c'est exprimer une opinion qui n'a rien de factieux, c'est user du droit accordé par la charte à chaque citoyen. On en agit journellement de la sorte dans un pays voisin, sans passer pour rebelle.

Il est vrai que nous ne vivons pas en Angleterre.

Tout notre avenir se compose de trois chances :

Ou le ministère se décidera enfin à marcher avec la majorité de la nation, à la conquête de la minorité, et pour la première fois, il sera fort contre les mécontemens du dedans et contre les prétentions et les exigeances du dehors, et il pourra faire avec succès d'autres guerres que celle qu'il fait à la charte;

Ou le ministère perdra la majorité dans les Chambres, par l'une des causes ci-dessus indiquées, et il tombera;

Ou il ne perdra pas la majorité dans les Chambres et ne changera point de système, et alors nous serons témoins et victimes d'événemens bien autrement sérieux que la chute d'un ministère. Notre situation, vis-à-vis de l'Europe qui nous observe, qui n'est pas près de nous, mais chez nous, doit surtout nous donner à réfléchir.

Ici la tâche que nous avons entreprise devient difficile, et il est également pénible de parler et de se taire.

Toutefois achevons.

Depuis près de quatre ans, chacun des deux partis s'est vu vingt fois sur le point de triompher, et d'attirer à lui le gouvernement; mais après cette longue suite d'espérances trompées, quand on a tant couru pour ne saisir que des fantômes, le dégoût, le découragement, l'indifférence pour les choses de l'État s'empare de tous les citoyens, et dans cette insouciance, dans cet abattement universel, vous chercheriez envain à réveiller l'esprit public, les sentimens nationaux, l'amour de la patrie (1).

Avouons-le franchement ; la patrie n'est pas une étendue de territoire plus ou moins prolongée vers l'orient, le couchant et les pôles, et dont quelques commissaires nommés par trois ou quatre puissances, fixent, à chaque traité de paix, la délimitation ; la patrie, c'est un gouvernement selon nos idées, un gouvernement selon notre cœur, qui protége tous nos intérêts, et que, parconséquent, nous soyons intéressés à protéger. On a prétendu que la patrie ne voyageait pas ; non, sans doute, mais quelquefois elle n'existe pas.

Lorsque Napoléon voulut s'emparer de l'Espagne, il dit à un peuple noble et fier : Je viens

---

(1) J.-J. Rousseau va plus loin, car il affirme qu'un État est perdu dès qu'un seul citoyen dit des affaires de l'État : *Que m'importe ?*

au milieu de vous, régner sur vous, parce que je suis plus fort que vous. Un tel langage indigna la nation, qui se leva en masse et chassa celui qui l'osait tenir. Mais si, recourant aux ruses de la politique, il eût, en apparence, persisté dans l'intention unique de soutenir le Roi Charles IV, souverain légitime de ce pays, contre Ferdinand, alors usurpateur; si, après après avoir ramené le monarque au sein de sa capitale, il se fut retiré, en demandant la permission de laisser sur le territoire espagnol, une armée d'occupation, sous prétexte *de maintenir l'ordre de choses heureusement rétabli*, mais au fond, pour épier le moment favorable à la conquéte; si un ministère, ou désigné au Roi par Napoléon, et agissant par les ordres de ce dernier, ou agissant de son propre mouvement et véritablement désigné par le Roi, eût pris à tâche de mécontenter à la fois les défenseurs des anciennes doctrines et ceux des idées nouvelles, de persécuter le parti aristocratique et religieux, et le parti libéral et philosophique; si l'on eût accepté la constitution des Cortès, en exilant leurs membres, et qu'à toute heure on l'eût invoquée, en la lacérant sans relâche; au bout de quelques années les deux partis, fatigués de tant d'outrages , auraient montré bien moins d'énergie contre une nouvelle tentative de la part de l'armée étrangère ; ils nous auraient offert une facile proie , et le royaume d'Espagne serait devenu une province de l'empire français.